KARJALAINE
KUOTTELUSKEITTÄMÖ

Toni T. Timonen

Itämerensuomalaiset **karjalaiset** mainitaan ensimmäisen kerran skandinaavisissa saagoissa ja vähän myöhemmin Novgorodin kronikoissa.

Useat vanhat skandinaaviset saagat ja aikakirjat viittaavat Karjalaan, joskus nimillä Karjalabotn, Kirjalabotnar tai Kirjaland, mikä tarkoittaa Karjala ja karjalaiset olivat viikinkien tiedossa jo 700 -luvulla.

karjalaisten tiedetään taisteleen ainakin suomalaisia, kveenejä, virolaisia, norjalaisia, ruotsalaisia, liettualaisia, novgorodilaisia, saksalaisia ja suzdalilaisia vastaan.

Eerikinkronikka mainitsee karjalaisten ryöstöretken - silloin huomattavaan - Ruotsin Sigtunan kaupunkiin 1187 ja sen hävittämisen. Tämä karjalaisten ryöstöretki Ruotsiin oli annettu pääsyyksi miksi nykyinen Ruotsin pääkaupunki Tukholma perustettiin

Novgorodin tuohikirje no. 292 on vanhin tunnettu millään itämerensuomalaisella kielellä kirjoitettu dokumentti. Asiakirjassa käytetyn kielen uskotaan olevan livvi-karjalan arkaainen muoto.

Historia Norwegiae
kirjoitettiin tuntemattomasssa paikassa aikavälillä 1160-1175.
Se sisältää listaa pohjoisen väestöstä:

"Mutta pohjoista kohti monet pakanalliset heimot - Valitettavasti! - ulottuvat idästä Norjan taakse, nimittäin karjalaiset (Kiriali) ja kveenit (Kwæni), sarvekkaat saamelaiset (cornuti Finni) ja molemmat Bjarmian kansat (utrique Biarmones). Mutta mitä heimoja heidän takanaan asuu, meillä ei ole varmuutta."

"Nurmeskylä" oli jo olemassa kun Ruotsi valtasi Käkisalmen ensimmäisen kerran.

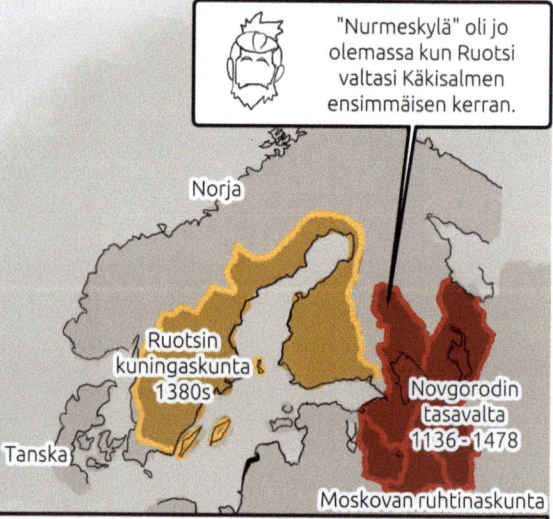

Norja

Ruotsin kuningaskunta 1380s

Novgorodin tasavalta 1136-1478

Tanska

Moskovan ruhtinaskunta

Ensin Novgorodin tasavallan liittolaisia, sitten Novgorod valloitti Karjalan ja laittoi karjalaiset "Vatjan viidennekseen" (Вóдская пятńна Vodskaja pjatina, nimetty itämerensuomalaisten vatjalaisten mukaan).

Myöhemmin karjalaiset kapinoivat Novgorodia vastaan taas.

Karjala ilmestyi Euroopan kartalle vuonna 1539.
esim. 1560-luvulla, alankomaalainen kauppamies Simon van Salingen raportoi
karjalaisten korkeasta veneen rakennustaidoista.

Karjalankieliset karjalaiset ovat epävirallinen vähemmistö Suomessa,
vaikka Suomi laittoi kielen vuonna 2009 **Euroopan alueellisten tai vähemmistökielten
peruskirjaan.**

Karjalaiset tiedetään parhaiten Kalevalasta, joka pohjautuu karjalaisiin
runolauluihin ja karelianismista joka kopioi karjalaista kansantyyliä
kansallisromantiikkaan 1890-1910 luvuilla.

Myös karjalanpiirakoista ja karjalanpaistista.

Natsit ja suomalaiset
voivat kehitellä
****
Suur-Suomea
keskenään.

SINÄ
et ole
karjalainen.

Karjalan maatiaisrodut alkoivat hävitä 1950-luvun Suomen politiikan myötä...
Mutta osa roduista oli jo huonossa kunnossa maailmansotien takia.

Karjalan sika myös nimellä "Pirtasika" hävinnyt

Karjalan hevonen hävinnyt

Karjalais-suomalainen laika yhdistyi Suomen pystykorvan kanssa.

Itäsuomenkarja uhanalainen

Karjalankarhukoira oli uhanalainen Talvisodan jälkeen

"Vienanlammas" / "Kainuunharmas" uhanalainen

"Itäsuomenpunainen" / "Itäsuomenkeltainen" aka. Alhonkanta uhanalainen

Laatokan Karjalan bobtail-kissa ???

Tänäpäivänä maatiaisrodut on korvattu tuontiroduilla,
joilla on helpompi tuottaa ja myydä...
myös varaston täydennys onnistuu helposti ostamalla ulkomailta..
(Suomi ei ole omavarainen ruoan kanssa.)

Kun Nyky-Suomessa halveksitaan suurperheitä
ja vitsaillaan huonolla huumorilla.

Kyllä kotona on kiva loisia
kun joku hyysää

Onhan se vähän absurdi tilanne, jos kotoa
lähtö venyy ja venyy.
<u>Perinteisesti Suomessa</u> lapset ovat
muuttaneet aikaisin kotoa verrattuna
Etelä-Eurooppaan.
Suomessa on ollut ikään kuin kunnia-asia,
että pitää itsenäistyä

Ei tarvitse yksin maailmaa kansoittaa.
Kyllä on keritty panna -
Ei oo vissiin tehty mitään muuta

<u>Perinteisesti karjalainen</u> kuuluisi suurperheeseen jossa 3 tai enemmän
sukupolvea eläisi saman katon alla..
Suurperhe oli kaskiajan perintöä.

Karjalassa oli ennen sotia myös yhtiömuotoisia suurperheitä,
jotka omistivat maata ja viljelivät sitä. Niitä verotettiin yhtiömuotoisesti.
Viipurissakin oli suurperheitä, tosin suurperhe asui samassa pihapiirissä
eikä saman katon alla.

Pien-Toijolan pihassa, Etelä-Savossa
on lähes 30 rakennusta.

Karjalassa, paikat nimettiin isoimman
suvun mukaan.

Vanhat nen-loppuiset sukunimet tulevat kaskiajan Itä-Suomesta, kun
väestö liikkui kaskimaiden mukana ympäriinsä..
Sukunimikäytäntöä ei omaksuttu ylemmiltä säädyiltä,
vaan otettiin käyttöön omaehtoisesti, ilman ylempien esikuvaa.
Se on eurooppalaisessakin vertailussa poikkeuksellinen ja ainutlaatuinen.
Vanhimmat sukunimet ovat jopa 1200-luvulta.

esim. "Novgorodin Nurmeksessa" (1618) oli
"Pörtsynen" ja "Pulkkilainen"

Karjalainen ja hämäläinen
suurperhealueet Suomessa
v.1964 tiedon mukaan

Kuten sanonta "Karjalan kivipellot" kertoo, Karjalan maaperä ei ole rikasta. Karjalan perinteisin tapa viljellä on kaskeaminen, jossa suurperhe toimi työvoimana.

Kaskeaminen sopi myös kuivattamaan soita..

Kaskeamalla kesti 3 vuotta tehdä ruisleipä..

Perheen talo liikkui kaskipeltojen mukana.

Tänäpäivänä rakennukset ja pellot ovat pysyviä, mutta ovat pieninä alueina ympäri järvisaareja ja vaarojen rinteillä...

! vielä kerran: Suomi ei ole omavarainen ruoan kanssa.
Suomessa oli jo vuonna 2017 enemmän hylättyjä navettoja kuin käytössä olevia.

Esikasvatus ja lajit jotka eivät pärjää avoimella pellolla kuten tomaatit ja chilit kasvatetaan kasvihuoneissa.

"deep winter greenhouse"
kanadalais-suomalainen design

Ennen vanhaan kasvikset ja kala olivat arkiruokaa,
sillä kalastaa pystyi talvellakin - pilkillä tai nuotalla

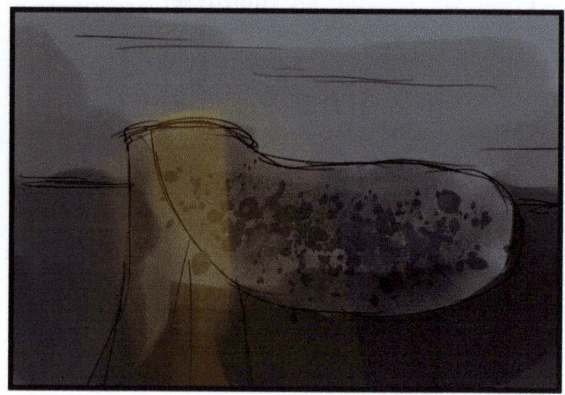

Talvinuottaus on harjoiteltu 500 vuotta ja
se muuttunut teknologian kehittyessä.
Kun ennen käytettiin hevosia ja seipäitä...

Tänään käytetään moottorikelkkoja ja kauko-ohjattavia "torpeedoja"

Karjalaiset söivät paljon metsän ruokaa

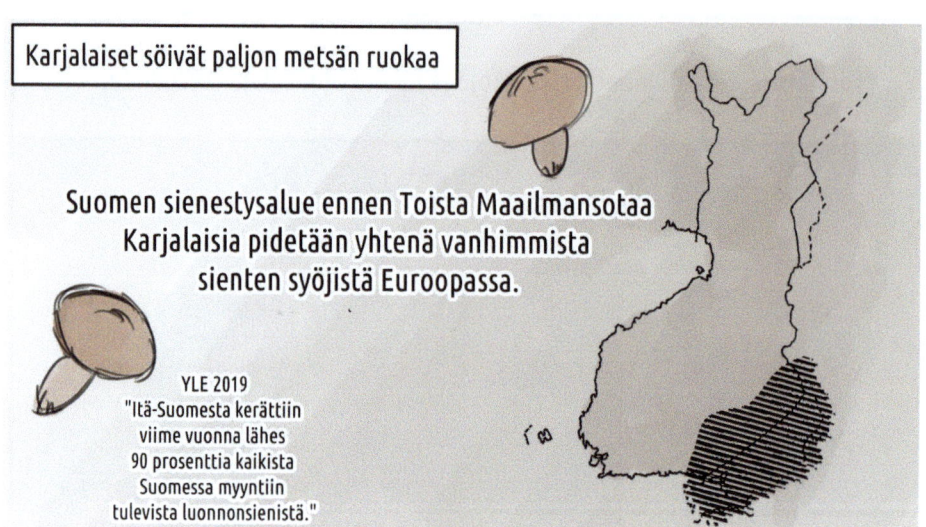

Suomen sienestysalue ennen Toista Maailmansotaa
Karjalaisia pidetään yhtenä vanhimmista
sienten syöjistä Euroopassa.

YLE 2019
"Itä-Suomesta kerättiin
viime vuonna lähes
90 prosenttia kaikista
Suomessa myyntiin
tulevista luonnonsienistä."

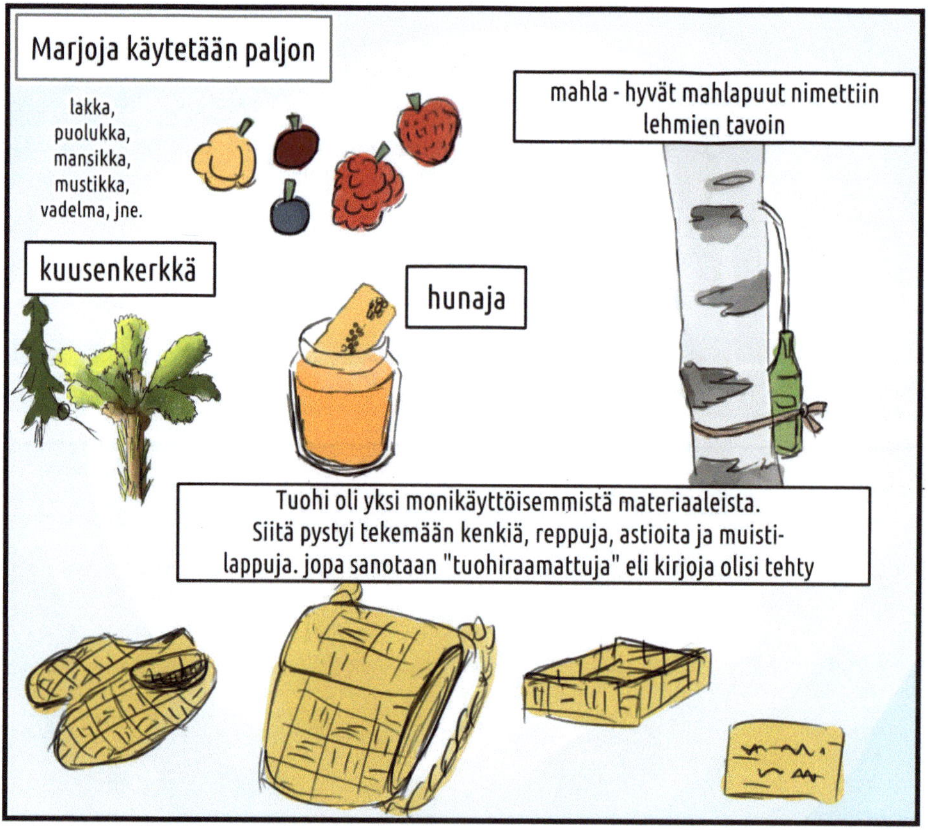

Marjoja käytetään paljon

lakka,
puolukka,
mansikka,
mustikka,
vadelma, jne.

mahla - hyvät mahlapuut nimettiin
lehmien tavoin

kuusenkerkkä

hunaja

Tuohi oli yksi monikäyttöisemmistä materiaaleista.
Siitä pystyi tekemään kenkiä, reppuja, astioita ja muisti-
lappuja. jopa sanotaan "tuohiraamattuja" eli kirjoja olisi tehty

Metsästyksellä on vanhat perinteet

Viikinkiaikana karjalaiset tunnettiin paremmin turkiskauppiaina.

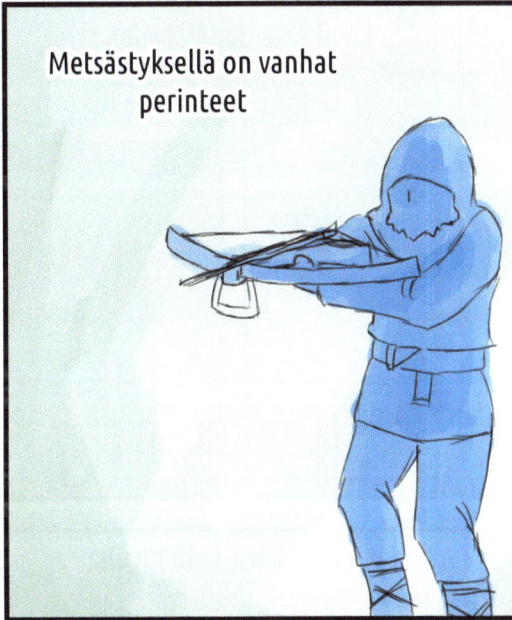

Metsästäjiä kunnioitettiin niin että heillä oli ennalta määrätty paikka ruokapöydässä.

Karjalankarhukoira on saanut maailmanlaajuista suosiota metsästyskoirana.

Liha Taboot
Karhua ja hirveä välteltiin mutta syötiin rituaalimoisesti (peijaiset)
Metsän ruoka + Maatilan ruoka = OK
Veden ruoka + Maatilan ruoka = OK
Metsän ruoka + Veden ruoka = EI
Eläinkunnan tuotteita ei syöty paaston aikana
eli nykykielellä oltiin vegaaneja paaston aikana.

"karjalaisen keittiön sydän on uuni."

Kaskiajan savupirtin uuni liikkui talon mukana kun paikkaa vaihdettiin

kuinka savupirtti toimii

EI

OK

pellon naurisuuni

ja naurishauta 1930-luvulla

Kivet lämmitettiin ja laitettiin hautaan. Sitten täytettiin nauriilla. Kansikivi päälle ja haudattiin päiväksi maan alle.

Kiinteä sisäuuni (<1907) malli tuli Venäjältä. Myöhemmin mukaan tuli "liitu" eli liesi.

Länsi-Suomessa oli pihauuneja, mutta enemmin suosittiin liesiä ja ruoan keittämistä.

Muuripata

Sodan jälkeisiä leivinuuneja.
Kaupungeissa oli jo puuliesejä
ja pystyuuneja.

Kaasuliedet eivät yleistyneet.
Sähköliesiä ja uuneja.

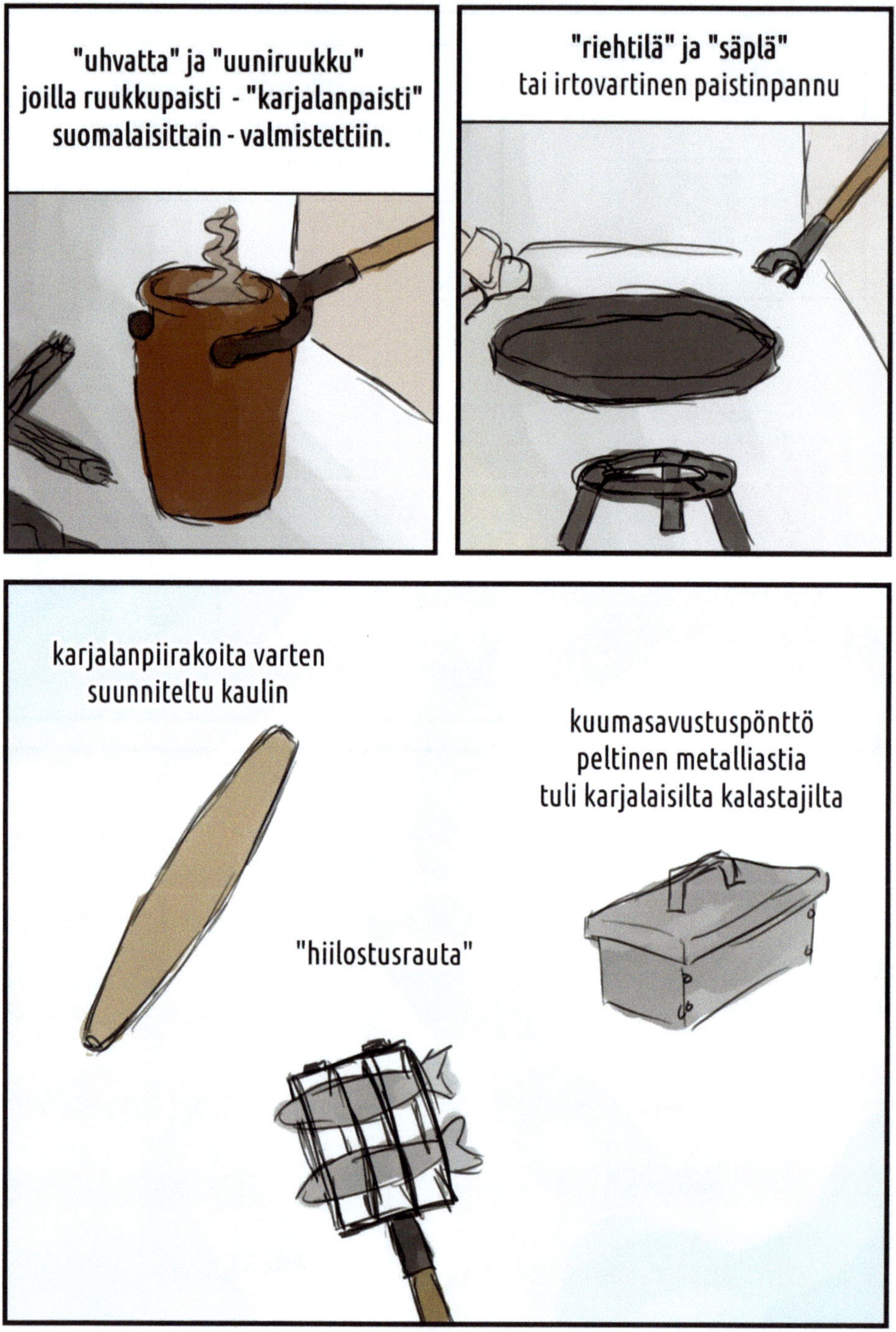

"uhvatta" ja "uuniruukku"
joilla ruukkupaisti - "karjalanpaisti"
suomalaisittain - valmistettiin.

"riehtilä" ja "säplä"
tai irtovartinen paistinpannu

karjalanpiirakoita varten
suunniteltu kaulin

kuumasavustuspönttö
peltinen metalliastia
tuli karjalaisilta kalastajilta

"hiilostusrauta"

maakellari

Säilyttämistavat:
hapattaminen, kuivattaminen,
jäädyttäminen, suolaus, ja vähän
savustustamista

erillisestä "ruoka-aitasta" tuli
talveksi jättimäinen jääkaappi,
jos sitä ei lämmittänyt.

talon sisäinen
ruokakomero

jääkaappi

"lihahepo"
oli katolla
lihojen
kuivattamista
varten

"lihatiinu" suolatulle lihalle

tynnereitä ruoka-aitassa,
esim sienille taikka suolatulle
kalalle.

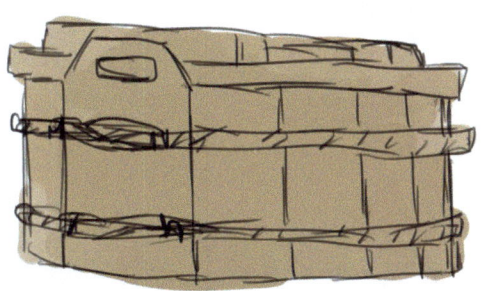

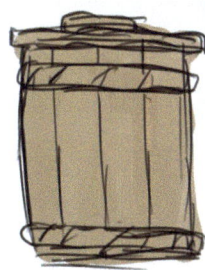

Uusia eineksiä karjalaisessa keittiössä

Juustot
juustot eivät olleet osa karjalaista perinnekeittiötä. Lähin vastine juustolle oli "kokkeli" joka muistutti raejuustoa tai rahkaa.

Näkkileipä
perinteisesti Karjalassa ei ollut näkkileipää ja ruisleipäkin oli pehmeää. Karjala oli myös osa kauraleipäaluetta.

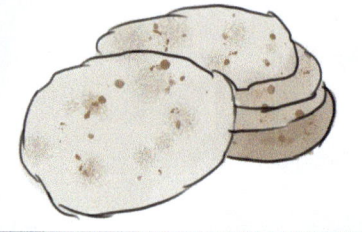

Tomaatit ja Kurkut

Chilit ja Paprikat

Pasta

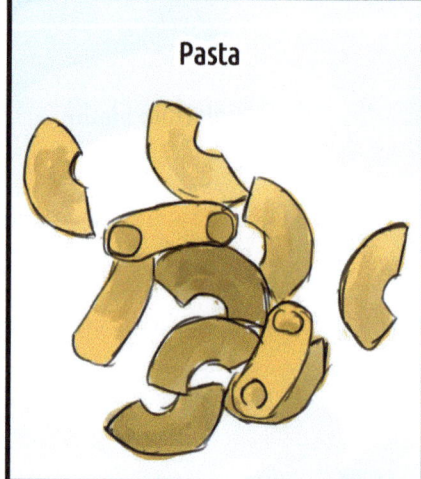

Riisi
vaikka riisi tuli Karjalaan
ensimmäisen kerran ennen
perunaa, vain tänäpäivänä
riisiä pystytään käyttämään
arjessa.

"puuroriisi" on yleensä
japonica lajiketta tai
riisiä jossa on vähän amylaasia

Nagris
"nauris oli ennen,
mitä peruna on tänään"

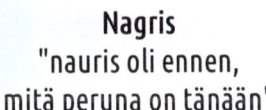

Potakka / Kartohku
Peruna yleistyi
Itä-Suomessa 1800-luvun
aikana, vaikka se tuotiin
Suomen Ruotsin
alueelle jo 1700-luvulla.

Maitosyömiset

Karjalaiseen perinnekeittiöön ei kuulunut juustot,
vaikka maitosyömisiä oli

"Mažnit" (vellit) ja etenkin
"kartohkumurumažni" (perunavelli)
"Pudrot"/"kuaššat" (puurot),
"jäiččymaido" (munamaito)...

Vihaan maitoa
!!

Turistit

Jokainen suomalainen juo noin 130 litraa maitoa vuodessa. Suomalaiset
syövät myös eniten Euroopassa jäätelöä.
Karjalassa - ennen pakastinta - oli "kuopsua" - jäätynyttä maitovaahtoa jota
tehtiin talven aikana.

Itäsuomenkarjan maidon ominaisuudet kyllä ovat mainiot tekemään juustoa.

Itäsuomenkarja oli lähellä hävitä sukupuuttoon - alhaisimmillaan Itäsuomenkarjaa
oli 40 lehmää 1980-luvulla - mutta puhdasrotusta itäsuomenkarjaa oli vuonna 2018
1600 lehmää (Suomen lehmäluku on noin 844 000 lehmää - 1.5.2021).

Tamma-Karjal, tunnettu myös nimillä Kobylitškaja Korela,
oli pieni alue Novgorodin Karjalassa, lähellä
Pähkinäsaaren rauhan määrittelemää rajaa.
Alue mainitaan kronikoissa vuodelta 1338 ja Novgorodin
verokirjoissa 1500-luvulta. Nimen perusteella alueella on ollut
hevosten kasvatukseen ja vientiin liittyvää historiaa, mahdollisesti jo
esihistorialliselta ajalta lähtien. Pohjoiseurooppalainen sijainti teki
todennäköisesti hevosten kasvatuksesta arvokasta kauppaa, samankaltaisesti kuin
Gotlannissa 1800-luvulla harjoitettu toiminta.

Kirjalliset lähteet jäljittävät karjalaista hevoskauppaa
vuoteen 1299, jolloin paavi Gregorius IX moitti gotlantilaisia kauppiaita hevosten
myymisestä Karjalan pakanoille.

Ajan myötä karjalaiset hevoset saavuttivat mainetta laadustaan,
mikä johti kannattavaan vientiin. 1500-luvulla viittaukset
Tamma-Karjalaan korostavat sen asemaa merkittävänä hevostenkasvatusalueena.
Kuitenkin liiallinen hevosten vienti herätti huolta, minkä vuoksi
Ruotsin kuningas Maunu IV vuonna 1347 ja Kustaa Vaasa vuonna 1520
asettivat rajoituksia hevosten myyntiin Karjalasta.
Näihin kuului kielto myydä alle seitsemän
vuoden ikäisiä hevosia sekä viedä niitä Hansaliiton Lyypekkiin.

Nälkävuosina 1867-68 "hevosen kauppa" oli Nurmeksen yksi kolmesta pääelinkeinosta

Nurmeksesssa vilkaimpina vuosina saattoi olla
3 kilpailut saman aikaisesti ja jokaiseen osallistui kymmenkunta hevosta.
Kilpailuja järjestettiin talvellakin kun vedet oli jäässä.

"Nurmekselaiset olivat eteviä hevosten tuntijoita ja osasivat pettääki
toispaikkakuntalaista hevoskaupoissa. Niinpä oli Lipinlahden
Antti Meriläinen myynyt 18-vuotiaan hevosen pälkjärveläiselle
Koikkalaiselle viisivuotiaana.

Tämä tapaus on samalla todistus hevoshoidon korkeasta tasosta,
sillä huonoon ja loppuunajettuun hevoseen nähden ei petos olisi varmasti alkuunkaan onnistunut."

Karjalankarhukoira (KKK) oli uhanalainen koirarotu suomalais-neuvostoliiton Talvisodan jälkeen, mutta on elpynyt metsästäjien suosimana.

KKK on viety ainakin Yhdysvaltoihin Montanaan, Kaliforniaan, ja Washingtoniin. Siellä KKK käytetään opettamaan suurriistaa pysymään poissa ihmisasumuksesta.

Sama juttu Karuizawassa, Japanissa jossa NPO Picchio käyttää KKK opettamaan karhuja pysymään poissa.

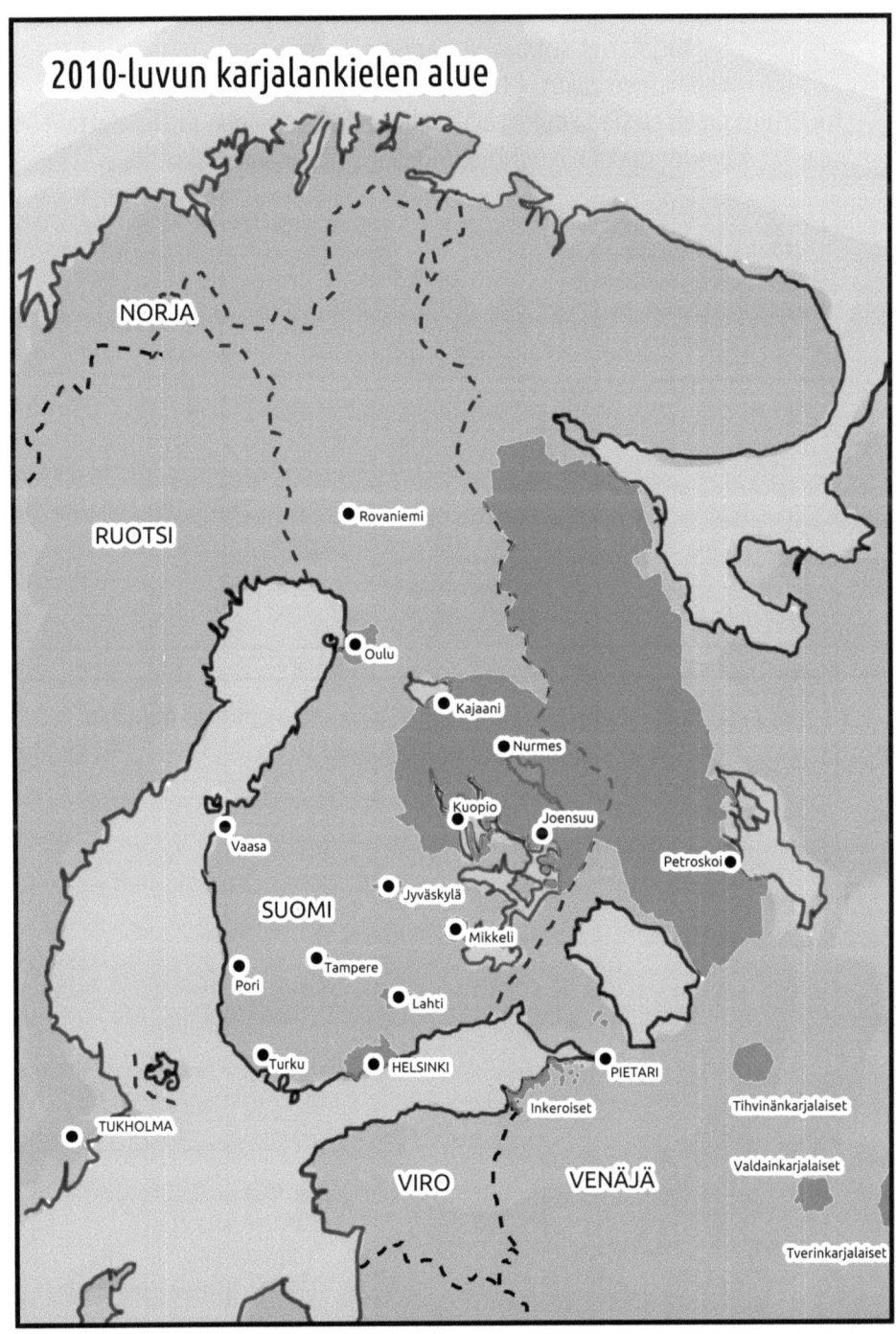

2010-luvun karjalankielen alue

SYÖMINŊIT TA JUOMINŊIT

karjalaiset *syöminŋit*, saman tapainen kuin
venäläinen *zakuska* tai ruotsalainen *smörgåsbord*.
No totuus on etten tiedä onko tämä vain perheen sisäinen juttu, mutta
kaveriporukka kokoontuu syömään ja juomaan illaksi.

tosin jokainen tuo
omat juomiset ja yhdessä
päätetään ennakkoon
mitä syödään

suomalainen ei syö
kun juo alkoholia!!

Yleensä pelataan videopelejä, korttia, katsotaan YouTube-videoita tai
kuunellaan musiikkia.

Viime kerralla meillä oli sushia,
makkaraa, salaattia ja
karjalanpiirakoita.
Kaljaa, vodkaa ja erilaisia lantrinkeja.

RESEPTEJÄ

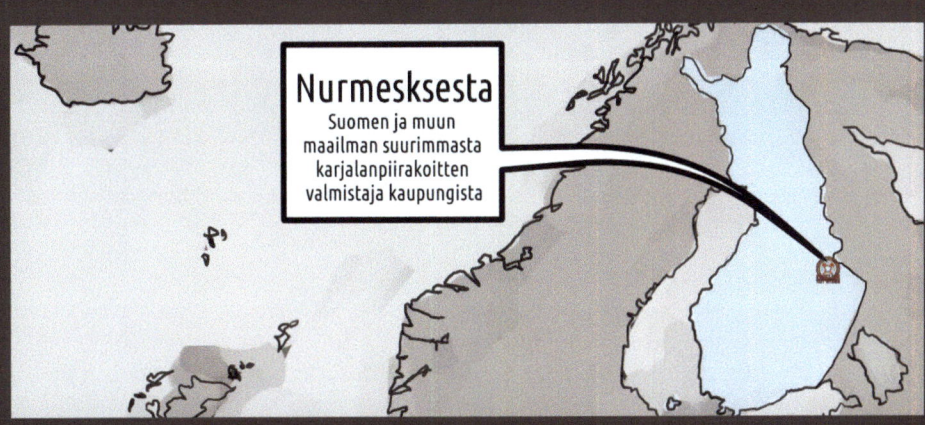

Nurmeksesta

Suomen ja muun
maailman suurimmasta
karjalanpiirakoitten
valmistaja kaupungista

KarJaLazGamBurGer

suom. karjalaishampurilainen

pihvit 15 kpl, 200°C uunissa 10-15min
800 g "karjalanpaisti" lihaa toisin sanoen sika(n.60%)-nauta(n.40%)
                              lihaa jauhettuna
3 munaa
2 dl maitoa
1 dl korppujauhoa
2 tl suolaa
2-3 sipulia

sämpylät 15 kpl, 225°C uunissa 10min
500 g porkkanasosetta
1 tl suolaa
2 rkl hunajaa
5 dl vettä
11 g kuivahiivaa
8-10 dl vehnäjauhoa

JuaBLOKKU-PuOLOI-muuroi pastos vaniiL'uPainimen ta kuusenLeHväPuatOkan kera

suom. omena-puolukka-lakka paistos vaniljakastikeen ja omena-kuusenkerkkä siirapin kanssa

siirappi
1 dl omenamehua
½ dl sitruunamehua
¾ dl sokeria
loraus koivunmahlajuomaa
tähtianis
noin 1 ½ ruokalusikallista valmista kuusenkerkkäsiirappia
anna sekoituksen kiehua hetki

paistos
200g omena kuutioita
¾ dl puolukkaa
noin 3 ruokalusikallista lakkaa

ja laita 200°C uuniin 15 min.

lisäkesekoitus
25 g sulaa voita
½ dl sokeria
½ dl vehnäjauhoja
¾ dl kookoshiutaleita
0.1 dl maitoa
sekoita isossa kulhossa ja lisää paistetut omenat sekaan. Laita takaisin uunivuokaan ja paista vielä 20 min. että pintaan tulee väriä.

päälle siirappia ja valmista vaniljakastiketta.

Vuonna 1802 Suomen Talousseura lähetti Nurmekseen kaksi tynnyriä
perunoita. Niiden viljelemistä kokeilivat pitäjässä ensimmäisinä
Henrik Ullgren ja hänen veljensä Johan Ullgren sekä
lautamies Esaias Rossinen. Vuonna 1818 Suomen
Talousseura myönsi heille tästä ansiosta mitalit.

Henrik Ullgren edusti Porvoon valtiopäivillä Karjalan ylistä
kihlakuntaa, tuoden valtiopäivillä esille muun muassa verotukseen liittyviä
kysymyksiä.

Suoviljelyä on tehty Itä-Suomessa jo
1500-luvulta asti, mutta Korpi-Jaakko
nosti sen suosioon Pielisellä. 1700-
luvulla. Suo ojitettiin käyttämällä
lapiota, kuokkaa, kirvestä ja suokirveita.
Ojittamisen aikaan kaadettiin myös
puut. Suon annettiin kuivua jonka
jälkeen se poltettiin kasken tavoin.
Kaskesta eroten, siinä poltettiin maan
päällimmäistä kerrosta

Ensimmäisinä vuosina - kun
maa kantoi hevosta - hevonen
varustettiin suokengillä
Myös työmieskin käytti suoksia
liikkumiseen.

turve/multa

puunkannotkin
nostettiin poltetta
varten

karjalaisen keittiön "perinneöljy"

-tiedetään että karjalaiset viljelivät hamppua ainakin jo 1300-luvulla. Perinnetietämys jää aika karjalaiskeskeiseksi (savolaisetkin katsottiin tuolloin enemmän karjalaisiksi).

-viikingitkin jo käyttivät hamppua köysissään.

-"liinan siemenvoita" - hampunsiemenöljyä käytettiin paastoajalla joilloin eläinkunnan tuotteita (mm. maitoa ja voita) ei saanut käyttää eli paastoajan vegaaniset karjalanpiirakat tehtiin hamppuöljyyn

- hamppu eroaa kannabiksesta THC-arvoiltaan (THC on se psykoaktiivinen aine joka päihdyttää) kun kannabiksen THC-taso noussee 28%, hampun THC-taso jää 0,3%. Ja hamppua jonka THC-arvo on 0,2% saa kasvattaa EU:ssa vapaasti.

"oli tuhanz˘in roivahin liinoa, kolmatta tuhatta pivuo." - Porajärvelpäi

"liina pideä kylveä, moaz ottoa, ligoh viijä, levitteä, kubozil panna, pergoa, loukuttoa, lipsuta, harjata, viduo, paits˘ostoa, kezrätä, kuduo merez˘iks (kerrattuo), kangahah." - Suojärvelpäi

"järiembäd liinat pannah piikkoih, nuottah, hurs˘tih; hienombad rinnakse da hienombih kangahih. kudamad liinat pannah verkoloih kengikse, sid ned vai kerratah." - Säämäjärvelpäi

Riihi on rakennus, jossa ennen kuivattiin ja puitiin viljaa.
Riihen katsotaan kehittyneen Muinais-Karjalan alueella.
Ruotsin vallan aikana Kustaa Vaasa (1496-1560) näki riihen hyvänä keksintönä ja
pyrki saamaan ne käyttöön myös Ruotsissa.
Riihen voi sanoa olevan tyypillinen useille suomalais-ugrilaisille ja
slaavilaisille kansoille.

Savu ja lämpö kuivattivat viljan sekä tappoivat
tuholaiset ja homeet. Savusta tuli lisäksi viljaan
vieno tuoksu ja maku, ja riihiviljasta valmistettu
leipä olikin siksi monien mielestä maukasta.

trad. hemp field.

Karelians have cultivated hemp since at least
the Middle Ages, and there are references
to the Viking Age.

Kaijulan lehmy ta počči

winter fur

Savo-Karelian "Pirtasika"

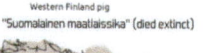

died

Western Finland pig
"Suomalainen maalaissika" (died extinct)

kipitkä regi

Nurmekses roindunu, Nurmekses kasvanu sarjiččapiirdäi

Toni T. Timonen

'father of Karelian manga'

Hauentaudi – "comic letter" **2023**
Karuhka – "comic letter" **2023**

Rauha-aigu, Pax Avenue – Joensuun sarjakuvaseuran rauhanjulistus comic anthology **2022**
Karelian test kitchen comic **2021**
Gostis Nurmekses, Pinnan alla – Joensuun sarjakuvaseuran spefi comic anthology **2020**
Minuškan huahmu, Pinnan alla – Joensuun sarjakuvaseuran spefi comic anthology **2020**
few illustration to Sanmagumo's Haltija bot **2018-2019**
Seitz' bang – Nurmes' Winter War, Sanmagumo's Suomili comic anthology **2019**
Rami Jaakkola's Their Magical Bard #2 – Kirottu noita - karelian translation and publishing **2014**
Rami Jaakkola's Their Magical Bard #1 – Tulinoita - karelian translation and publishing **2014**
Jatkomaa 2 – Kuolematon kauppias (w/ Heikki Eskola) **2011**

"Suomen Yokait" Sanmagumo joint exhibition - Japan and Valkeakoski **2018**
"Sarjittšaluadu" own exhibition - Valtimo's municipal library **2016**
Pielinen Soi! – joint exhibition with Antti Hakkarainen and Anssi Mikael Okkonen - Hyvärilä, Nurmes **2014**

Kustantaja: BoD · Books on Demand,
Mannerheimintie 12 B, 00100 Helsinki, bod@bod.fi
Kirjapaino: Libri Plureos GmbH, Friedensallee 273,
22763 Hampuri, Saksa
ISBN: 978-952-80-8433-4